詩集

銀河の星のように

鈴木 公

無明舎出版

詩集　銀河の星のように＊目次

詩

詩

アフリカ

果てしない平原
そこに何を見るのか
アフリカのサバンナの大地
弱肉強食の物語が繰り返される
私は人間
テレビの中の大自然に
学ぶことは多い
ヌーの群れに　ゾウの家族
チーターの狩りや　ガゼルの賢さ
遠い国の大自然に
圧倒されるけれども
秋田の懐かしい自然も

大事にしたい

とんぼ2

秋に群れ飛ぶとんぼ
枯れ枝に止まっているのを見つけたよ
首をかしげて何を思うのか
羽を休めてどこへ飛び立とうというのか
赤い尾っぽが愛しいね
子供のころから親しんだとんぼ
この夕景を絵にしたい
来年も再来年も
百年、二百年と
命がつながりますように

ふるさと秋田

僕は太平洋側の地域に
何か恐れを感じていた
僕は日本海側に
何か安心感を得ていた
幼い頃の僕は臆病で
何か大きな世界は怖かった
大人になった今では
どんな世界も怖いとは思わない
どんな所にも信頼できる人がいると
信じることができるからだ
しかしこの秋田を出て
他で暮らそうとは思わない

こんな僕でも守るべきものがあるからだ
郷土への愛着
そんなありきたりな言葉ではなく
切っても切れない因縁
そんなものを秋田に感じる

まちがいさがし

何が正解なんて分かる訳ないじゃないか
やってみないとわからない
言ってみないとわからない
やった通りに結果が出た
その積み重ねが
反省と納得の繰り返しが
成功の言葉通りになる
何が真実かわかる
果てしない迷いの中で
真実がわかる
人生は苦い経験をしないとわからない
いくら間違いを重ねても

最後の最後に
正解にたどり着けばいい

宇宙

壮大な宇宙の果てに
いったい何がある
恒星が輝き
惑星が彩り
無数のスターダストが踊る
そこには我が同志がいる
そこには救わねばならぬ生命がある
宇宙の片隅のこの地球から旅立ち
宇宙のあの星この星あの星座まで
我らは長い旅路に出るのだ
どんな不思議も
胸の中のドラマにはかなわない

だから宇宙を旅するがごとくに
自分の心を建設しゆくのだ

駅伝

使命の道を
ひた走る　孤独のランナー
同志にたすきをつなぐために
受け継がれる精神を渡すために
ただひたすら走る
高鳴る鼓動
燃焼しゆく生命
チーム一丸となってゴールを目指す
一人一人が自分の人生に打ち勝ち
万雷の拍手が彼らを包む
あの青年たちのように
我も人生のゴールを目指そう

ただひたすらに
ただひたすらに

画師

何もない白紙の心
この中に色とりどりの
風景を描くのだ
自分だけの
自分らしい絵画
生き物や
木々や
青空　流れゆく雲
見事な山河
心巧みなる画師に
自分はなるのだ
そして心の中の風景は

多くの人の共感を呼ぶ

確信

人生
この難解なパズルに
僕は挑む
迷路のような
複雑な道を
確かな羅針盤をもって
僕は進む
どんな障害も
跳躍台として
生き生きと
乗り越える
レベルが上がるごとに

難解さは増す
しかし一つ一つ解決するたびに
確信は増してゆく

楽園の日々

天を突き抜けて
この魂は飛翔する
太陽も月も
無数の星々も
私の味方だったのだと
そして地上に降り立った我は
同胞と抱き合う
共に平和を建設しよう
楽土を実現しよう
鳥もけものも幸福な
安穏を打ち立てよう
今日もさわやかな疾風は

地上を駆け抜ける

銀河の星のように

遠い銀河の渦に
僕は想像をかきたてられる
この渦の一滴一滴が
まさに一つ一つの星なのだ
この中に恒星があり
惑星があり、星屑があるのだ
ある時は清流のように
ある時は気高い山のように
果てしなくドラマは続いていく
そして数知れない生命は生まれ
死んでゆく
望遠鏡をのぞいたことはないけど

心の中の銀河を思い、凝視し
飽きもせず眺めている
科学への旅は
僕の昔からのあこがれだ

月

今日雲間から月を見た
月を見ると　うれしい気持ちが
湧き上がってくる
昨日の月と今日の月は違う
満ちたり欠けたりする
月の変化が楽しい
古来から人々が
月を愛でてきたのも
うなづける
月のインスピレーションが
多くの物語を
生み出してきたのだろう

月を見るだけで
僕は強い励ましを感じるのだ

犬死に

今日一匹の犬が死ぬ
仲間に追い出され
食べるものがなくなった
犬が今日倒れる
何のために生き
何のために叫ぶのか
遠吠えもむなしく
今日犬が死ぬ
死んだ犬の生命はどこへ行くのか
安住の地は見つけられるのだろうか
積み重ねられた善悪の行いだけが
行き先を知っている

死は安住ではない
新たな戦いの旅立ちなのだ

原付バイク

原付バイクで川沿いを走る
バッテリーを充電させるため
ちょっと長距離を走る
強い風が心地よい
遠くから見る山並み
道路を走る大型ダンプや
軽自動車
こんな日常が好きだ
原付バイクでも
疾走感のある
走りをするのが好きだ

言葉

言葉は
人と人をつなぐ橋
どれだけ言葉を
紡いだか
どれだけ橋を渡すか
鮮やかな景色も
残酷な光景も
容赦なく
言葉として
投げつけられる
夜の闇も
朝日に照らされるように

この世界を
まばゆい光で包みたい

語り

ぽつりぽつりと語り始めます
庭の雀が　窓のシクラメンが
ちぎれゆく雲が　西へ行く月が
ぽつりぽつりと語り始めます
季節を　色どりを　愛を
無常を　志を　夢を
そうしてまた生きてゆくのです

高原植物

自分はあまり山登りはしない
山の風景はテレビで見るだけだ
しかし厳しい山の環境で
見事に花を咲かせる植物がある
名前も知らない
どこに咲くかもわからない
そんな花でも
精一杯自分の使命として
花を咲かせる
ある意味自分の住むこの街は
山よりも過酷な環境かもしれない
しかし自分が咲くのはこの場所だ

今まで積み上げてきたものを
生かしきって
見事に花を咲かせよう
あの高原植物のように

黒い鞄

カバンには何が入る
診察券、お薬手帳
預金通帳、領収書
病院に行く時と
銀行に行くときは
必ず持つカバン
前のカバンよりも
少し大きくなったカバンには
本も入る、ペットボトルも入る
どうでもいい思い出も
うれしい気持ちも
つらい出来事も

大きな夢も入っている

秋から冬へ

梨の果が実り
柿が赤くなる
野鳥は南へ渡り
冬の使者、野雁、白鳥がやってくる
空はまだ秋の雲
鉛色の空になる前の
冬支度が忙しい
霜は氷の結晶
まさに冬は結晶のように美しい
厳しくも美しい冬に
我が心も備えよう

春の花

春になれば
花が咲く
桜のつぼみが膨らむころ
庭のプランターにパンジーとビオラを植えた
夏にも　秋にも　冬にも
花は咲く
しかし春の花ほど喜ばしいものはない
厳しい　本当に厳しい冬があるからこそ
春の花は美しく
人を喜ばせるものはない
人も厳しい人生を送った人ほど
人を喜ばせるものはない

人生の春　花を咲かせきって
人々に喜びをかおらせるのだ

初恋

野に咲く
きれいな花
家へ
つんで帰ると
すぐにしぼんでしまう
野原の中で
いつまでも
自由に
咲いていておくれ
いつまでも
遠くで
見つめているから

心の師

誰もが押し黙る　冬の暗い雲
冷たく寄せては打ち返す　灰色の海
ずっとそれが当たり前だと思ってきた
人生は暗く　ロボットのように
何かに服従せざるを得ないかのような
人間社会
その中で僕は青空を確かに見た
仰ぎ見るその人は確かに人間だった
その人は戦えと言った
僕は確かに聞いた
勝って証明せよ
人間というものを

その人の声は僕の心にこだまする
今日を生きよう
そして勝利しよう
人類の朝のために

声

僕は民衆という
大海に自分の言葉を放り投げる
小さなさざ波が立ち
やがて消え去る
しかし僕の声は
海の底でこだまする
常に民衆に呼びかける
こんな人間もいるんだぞ
あんな人間もいるんだぞ
僕には反応が返ってこない
けれども声を投げつけたという
手応えだけが

僕の手から伝わって
心にこだまする

青春の挫折

どんな人も見放した
どんな人もあきらめた
どんな人も僕を見て哀れんだ
しかしそんな僕だからこそ
立ち上がれた
この信仰によって
僕は青春時代に
一度死んだ
僕は目標も幸福も
何も果たさず　一度死んだ
しかし一つの希望が
僕をよみがえらせた

その希望は僕の中の
不幸という不幸を
すべて追い出した
何もないどころか
大きなマイナスだった青春が
僕の中で大きな変化を遂げた
自信を取り戻した自分は
大きく羽ばたいた
だから行き詰っている人を見ると
僕は悲しい
僕は誰より深刻だった
誰よりも悲観した
だからこそ一つの希望で
ここまで来れた
行き詰っている人よ

深刻になれ
そして一つの真実を見つけよ
一つの希望に目覚めよ
笑ってごまかすな
僕は人生の厳しさを知っている
偉ぶる訳じゃないけど
だから本当のやさしさを持てる
どんな苦難も乗り越えていける
僕はこんな人生が
本当にありがたいと思うんだ

太陽

希望の太陽は昇る
昨日も　今日も
そして明日もまた
どんなに嵐が吹き荒れようと
吹雪の日も、苦難の日も
真夏の太陽のように
悪を責め
正義を示すように
春の日射しは暖かい
万物はその恵みで成長する
どんな重圧もはねのけて見せる
厚い氷もその熱で溶かすように

大自然

鳥海山に雪が降り積もる
標高の高い過酷な環境に
雪はその厚みを増す
春から夏へ　降り積もった雪は
雪解け水として山野を潤す
万物の生命をはぐくむ雪解け水は
まさに生命の源だ
また、冬に活動を弱めた太陽は
春の日差しとともに勢いを増す
生命は太陽のエネルギーを
我がものとし、力強く成長する
水も太陽も我々に与えられた

尊い宝だ
ありのままの自然
これがまさに仏法の説く世界なのだ
私も仏法のリズムに焦点を合わせ
仏法のリズムとともに生きよう
自然の万物と苦楽を共にし
我が生命を花開かせるのだ

虹の街

七色に輝き
雨の中で踊る
陽光を反射し
人々に希望を与える
あの虹のように
人々に橋をかけよう
この街で生まれ
この街で育つ
虹の橋を渡り
喜びの種をまこう

悩み

この人生は悩むに値する
この世界は悩むに値する
神仏は私にこの悩みを与えてくれたのだ
悩みがあるからには
その解決法もあるに違いないのだ
大きく悩め、大いに悩め
悩みと格闘して
力をつけるのだ
そして多くの人を救う力を
手に入れるのだ

美

美しい山々
美しい星々
美しい花々
人はなぜ美しいと感じるのか
いや感じる前に
その衝撃に打ちのめされるのだ
圧倒的な存在感
圧倒的な正義感
圧倒的なその主張
我も美しくありたい
であるならば誰よりも厳しい環境に
今日も耐えるのだ

宝石

写真や印刷物は色あせるけど
宝石は色あせない
ずっと輝き続ける
ダイヤモンド　ルビー　サファイア
それぞれに個性を持ち続ける
人によって研磨され
貴重な宝石は
高い価値を持つ
誰に愛でられ
誰のものとなるのか
しかし我々の心というものは
磨けば宝石よりも価値は高い

北側の窓

いつも同じ風景から何を見る
日も差さない北向きの窓で
切り取られたちっぽけな空から
僕は風を読み
雨に涙し
曇りの日は憂鬱を感じるだろう
時折人影が映る
「僕も精いっぱい生きているぞ」
そう心で叫ぶ
うっすらと光を運ぶ
そんな北側の窓には
今日もシクラメンが咲いている

迷い

何度も捨てたものを
何度も拾いなおしては
この道を歩む
持ち続けては進めない
しかしその大切さを認識しなくては
自分を保てない
より成長した自分であり続けるために
試行錯誤を繰り返す

問い

雄大な自然
その源は何なのだろうか
「生きる」
人はなぜ生まれ
何を残しゆくのか
答えのない問いは続き
果てしない苦難の先に
答えを見つける
探求の末の発見に
この身は震え
喜びに満たされる
どうか苦難を与えたまえ

克服してゆく中に
本当の「生」はある

野球

1対0の攻防戦
一瞬が永遠にも感じられる苦闘に
必死に耐え
勝利のチャンスをうかがう
勝負を決めるのはほんの一瞬
決定的な一打だ
そのために苦しい練習を重ね
技術を磨く
投手は一つ一つのアウトを勝ち取り
積み重ね勝利を呼び込む
観客はその熱闘に
自分の人生を重ね合わせる

励まし

詩
それは未来への自分への
手紙であり
励ましである
自分の詩を読み返し
また未来への自分へと
詩を送るのである
それが他の人々への
希望となり、励ましとなるのであれば
これ以上の喜びはない
詩を書く前
様々な人から

励ましを受け取ってきた
それは希望であり
幸福の基とも言えるものだった
だから僕は伝えたい
大いなる希望と
生きる喜びと
幸福の実感を
だから僕は今日も詩を編む

歴史と記憶

鮮やかなシーンが駆け巡る
フラッシュバックのような記憶は
脳神経を切り裂く
とめどない記録の連続に
句読点をつける
今という瞬間
刻み込まれる歴史
衝撃も　情熱も
落胆も　悲哀も
紡ぎながら
人生は続く
山を登りきるまで

苦闘は続く
今は中腹
下山して記憶を整理するまで
足跡を刻んでゆきたい

エッセー

漫画と我々の世代

先日、鳥山明さんがお亡くなりになられた。

青春時代、少年ジャンプの「Ｄｒ．スランプ　アラレちゃん」、「ドラゴンボール」は、胸踊るように読んだものだ。幼少のころから、アニメや漫画は生活の一部だった。

僕らの少年時代は、漫画は親世代には理解されなかった。漫画よりも小説などを読めといわれたものだった。しかし、僕らは、手塚治虫さんや、石ノ森章太郎さんなど、多くの漫画家の先生たちを尊敬し、憧れたものだった。少ない小遣いから、週刊漫画雑誌を買い、単行本をそろえた。

確かに、小説などの文学作品は、頭脳を鍛える。しかし、漫画はより身近に寄り添い、共感を誘うものだった。

今では、漫画やアニメは全世界で評価を受け、芸術とも称される。僕らの青年期は、大人向けの漫画雑誌も次々と創刊された。スマホで簡単に読めるような時代にもなった。漫画やアニメは人生を変えるといっても過言ではない。

宮崎駿さんのアニメが米国のアカデミー賞を受賞した。宮崎さんの絵コンテはほかにないといわれるまでに評価されている。アニメもそのもとは漫画にある。先駆者の手塚治虫さんの功績は偉大である。その伝統が脈々と受け継がれて今の作家さんたちがいる。

今では、漫画やアニメはあまり触れることはないが、漫画は確かに我々の血肉となっている気がする。

（秋田魁新報掲載　本人の意向により原文を載せています）

物価高騰は出口のないトンネル

昨年来、物価高騰に悩まされている。食品やガソリン、灯油、その他もろもろの値上がりには、正直参っている。計算してみると、食費は以前の３割増し以上。電気とガスの値上がりも、ボディブローのように生活に響いている。

収入は増えていないから、遊興費など趣味の出費を抑えるしかない。特に、子育て世帯は大変なのではないか。国民の給料アップも当面まだ先のことだと思うと、先が思いやられる。

ウクライナ情勢もあり、物価高は世界的なものだから、仕方ないとも思う。けれど、やりきれない思いが先に立つ。何とか収入を上げたいと思っても、なかなか難しい。まずは食費を抑えたいところだが、毎回節約料理では、欲求不満は増すばかりだ。家に来てくれるヘルパーさんとも、食品の値上がりが話題に上る。まるで、出口のないトンネルを歩いているようだ。

お金のかからない新たな趣味を見つけようと思っても、なかなか難しい。まずは当面やるべきことはやって、何か朗報を待つより仕方なさそうだ。

（秋田魁新報令和五年二月二十一日掲載）

ヘルパーさんに感謝を伝えたい

食欲の秋、季節の深まりとともに食べ物がおいしくなる。特に鍋料理は食卓で大活躍だ。キムチ鍋、きりたんぽ鍋、すきやきなど、どれにしようか迷うほどだ。シチューや野菜スープ、もつ煮込み、おでんなども秋にぴったりだ。温かい食べ物は心も体も温めてくれる。冬に向けサンマ、秋サケ、タラなどの魚も店先に増えていく。野菜炒めや煮物といった定番料理もとてもおいしく感じられ、食欲が増進し、箸が進む。

食事がおいしいというのは、幸せの条件の上位にくるのではないか。1日の予定を終え、おいしい肴で晩酌をしているときは、生きていてよかったと思える瞬間の一つである。

心の病のため週2回、ヘルパーさんに来てもらっている。食事を作ってもらい、掃除もしてもらっている。おいしい食事を食べることができるのも、ヘルパーさんのおかげだ。ヘルパーさんの話を聞くと、メニューを決めることや、それに伴う買い物に悩むことが多いという。私は自分でメニューを決め、必要なものは自分で買ってくるので、ヘルパーさんに少しは楽をしてもらっているのかな、と思っている。

ヘルパーさんの仕事は重労働だと実感する。なるべくヘルパーさんに負担をかけないようにしているつもりだし、うまくコミュニケーションを取りながら仲良くやっているつもりだが、ヘルパーさんはどう思っているだろうか。

お礼をしたい気持ちはあるが、特別なことは派遣元の会社から禁止されているので、それはできない。

お礼を伝える方法の一つとして、紙面を通じて感謝の気持ちを伝えさせてもらおうと思い、筆を執った。

ヘルパーさん、いつもありがとうございます。これからもよろしくお願いします。

（秋田魁新報令和五年十月三十日掲載）

魚の養殖、ＳＤＧＳの手立てに

今年は暖冬だ。地球温暖化が影響しているのだろうか。雪が少ないのはありがたいが、少し寂しい気もする。温暖化を食い止めるには、企業努力も必要だが、個人レベルでも二酸化炭素の排出削減を心掛けたい。

温暖化による海への影響も気がかりだ。県民魚として知られるハタハタは、年々取れなくなってきている。今季は値段が高くて食べていないし、この後も食べられそうにない。ハタハタの需要がこれだけあるのだから、養殖に乗り出す人がいてもいいと思うのだが。

ブリ、フグ、マグロ、カキなどの養殖はそれぞれ成功し、成果を上げている。関係者の努力を直接知っているわけではないが、工夫を重ねながら大変な苦労を乗り越えて頑張っていることだろう。あまり知られていないかもしれないが、本県でもドジョウなどの養殖で成功している人がいる。

天然の魚も大切だが、特に日本では養殖をもっと進めるべきだと思う。エネルギーは石油や石炭などの化石燃料から再生エネルギーにシフトしつつあり、本県沖では洋上風力発電事業が活発化している。魚も資源確保の観点から、取るだけではなく、育てる必要があるのではないか。

男鹿沖ではシイラの水揚げがあるが、まだ県民になじみがない。男鹿海洋高校の生徒がシイラの加工品開発を進めているようで、その取り組みに拍手を送りたい。

日本の海は豊かで、漁業の発展を支えてきた。しかし、温暖化に伴う海水温上昇による不漁などにより、漁業は苦戦しているようだ。魚の養殖も持続可能な開発目標（ＳＤＧＳ）を進める手立ての一つにならないものだろうか。

（秋田魁新報令和六年一月二十七日掲載）

著者略歴

鈴木 公（すずき・あきら）

生年月日：1964年（昭和39年）1月8日生
出 身 地：秋田市
学　　歴：新潟大学工学部中退
職　　歴：コンピュータープログラマー、工場職工などを経て、現在自営業（不動産賃貸業）
病　　歴：1990年（26歳時）統合失調症を発症、現在に至る
著　　書：『はぐれ雲』
『悪魔に魂を売った男』
『詩集 冬の木立』
『詩集 L字型の夢』
『白馬』（すべて創栄出版刊）
『詩集 春の苦み』（無明舎出版）
『詩集 秋霜』（無明舎出版）
『詩集 四季の輝き』（無明舎出版）

詩集　銀河の星のように

発行日　2024年11月20日　初版発行
定　価　880円〔本体800円＋税〕
著　者　鈴木　公
発行者　安倍　甲
発行所　㈲無明舎出版
秋田市広面字川崎112－1
電話（018）832－5680
FAX（018）832－5137
組　　版　有限会社三浦印刷
印刷・製本　株式会社シナノ

ISBN 978-4-89544-692-1

※万一落丁、乱丁の場合はお取り替えいたします

鈴木 公の詩集

十余年のありのままの自分を表現した詩と創作の集大成！

詩集　四季の輝き

A5判・一〇五頁
定価一六五〇円
〔一五〇〇円＋税〕
二〇二三年刊

言いようのない不安を抱えて、もがきながらも、いつも「詩」が自分を救ってくれた。悩み多き現代人への応援と人間賛歌。

詩集　春の苦み

四六判・七一頁
定価八八〇円
〔八〇〇円＋税〕
二〇二〇年刊

心を病む人たちへ。そして社会から疎外されていると感じている人々へ贈る。

詩集　秋霜

四六判・八七頁
定価八八〇円
〔八〇〇円＋税〕
二〇二二年刊

病による不安があっても自由に表現できる歓びがある。詩の世界こそ、わが人生。